꽃향기를 찾아서

창연
시선
031

이정숙 사진시집
poem by Lee Jung Sook

꽃향기를 찾아서

창연

■ 시인의 말

꽃과의 시간.

어릴 적부터 꽃을 좋아하며
꽃과 함께 보내고 싶은 꿈을
어른이 되어 보니 즐거움을 안겨준
나만의 꽃 세계에 빠져보고 싶었습니다.
꽃들은 피고 지고 반복된 삶을 살아가지만,
나의 걸음은 남보다 좀 더 빨리 달리고 있더군요.
마치 상사화처럼 나는 그 길을 걸으면서 엮어 보았습니다.

내 젊은 마음 가득 담긴 꽃.

2025년 봄이 오는 길목에서
이정숙

차례
■ 시인의 말 • 5

1부_그대를 따라갑니다
금꿩의 다리 • 13
플루메리아 • 14
털중나리 • 15
한라돌쩌귀 • 16
한라 새우 둥지란 • 17
참나무겨우살이 • 18
아마풀 • 19
여로 • 20
푸른가막살나무 • 21
한계령풀 • 22
흰금강초롱 • 23
네잎쓴풀 • 24
등칡 • 25
금난초 • 26
꽃갈퀴덩굴 • 27
나도여로 • 28
비너스 도라지 • 29
실별꽃 • 30
아라홍연 • 31
왕별꽃 • 32
왕과 암꽃 • 33
주걱댕강나무 • 34
절굿대 • 35
잠자리난초 • 36
설악 바람꽃 • 37
둥근잎 꿩의비름 • 38
다북바위솔 • 39
봉화현호색 • 40

2부_사랑 꽃이 피었네
분홍사위질빵 · 43
참바위취 · 44
초종용 · 45
콩팥노루발 · 46
노랑땅나리 · 47
쪽동백 · 48
솔나리 · 49
물아카시아 · 50
두메애기풀 · 51
김의난초 · 52
너도 수정초 · 53
나도잠자리난 · 54
해란초아재비 · 55
백리향 · 56
부산꼬리풀 · 57
분홍 바늘꽃 · 58
산솜방망이 · 59
세잎종덩굴 · 60
매화오리나무 · 61
물수세미 · 62
개잠자리 · 63
검종덩굴 · 64
괭이눈 · 65
주상절리 · 66
슈타우바흐 폭포 · 67
어리연 · 68
숫잔대 · 69
개통발 · 70

3부_꽃은 눈부시게 빛나네
송이밧꽃 · 73
범의꼬리 · 74
수레동자꽃 · 75
불암초 · 76
흰용담 · 77
흰백미꽃 · 78
회목나무 · 79
가지더부살이 · 80
칠보치마 · 81
솔붓꽃 · 82
개아마 · 83
개정향풀 · 84
자주조희풀 · 85
종덩굴 · 86
쟈카란타 · 87
조름나물 · 88
모싯대 · 89
줄 현호색 · 90
광릉요강꽃 · 91
왜솜다리 · 92
함박꽃나무 · 93
미국좀 부처꽃 · 94
갯청닭의 난츠 · 95
가는털백미 · 96
구실바위취 · 97
오랑대해국 · 98
누른종덩굴 · 99
약난초 · 100

4부_꽃이 노래하네
애기송이풀 • 103
민잠자리난초 • 104
왕관갈퀴꽃 • 105
무궁화 • 106
방울꽃 • 107
구름체꽃 • 108
산수유 • 109
으름난초 • 110
은난초 변이종 • 111
아기쌍잎란 • 112
창원 제비꽃 • 113
검은종덩굴 • 114
한라 바위취 • 115
큰고깔제비 • 116
지리밧꽃 • 117
난쟁이바위솔 • 118
벌깨풀 • 119
분홍 은방울꽃 • 120
입술망초 • 121
융프라우 • 122
영암풀 • 123
족두리풀 녹화 • 124
은꿩의 다리 • 125
진땅고추풀 • 126
솔송 • 127

1부
그대를 따라갑니다

금꿩의 다리

먹어도 보지 못한
금붙이 입에 물고
그대를 따라갑니다

플루메리아
(하와이 와이키해변. 꽃말: 예쁜 꽃)

화려한 장식품이
내 가슴을 뛰게 한다

털중나리
(합천 오도산)

순수한 사랑 받으며
멋 부리고 있구나

한라돌쩌귀

그대는 바다 건너 가시렵니까
뭉게구름 피어오르는
전쟁을 멈추게 하소서

한라 새우 둥지란
(전라남도 영광 불갑사 외 제주도)

벚꽃 휘날리는 5월 바람이
팝콘을 만들었구나

참나무겨우살이

인디언 추장님
제주에 나타났어요

아마풀
(인천 영종도)

아마도 그대가 꽃이었나요

여로

(설악산 대청봉. 꽃말: 기다림. 아시아 일본 대한민국 백합과에 속하며 독초이다. 북방구의 온대지역이 원산지이며 풀밭에 서식한다.)

기다림이란
늘 외로움의 연속입니다

푸른가막살나무
(전남 가거도. 전남 목포에서 4시간 넘게 배를 타고 국토 끝 섬 가거도 도착. 이 섬에만 있는 것으로 알고 있다.)

귀하신 몸 푸른 창공
힘차게 올라간다

한계령풀
(강원도 홍천)

굽이진 비탈길
환하게 웃고 있네

흰금강초롱
(강원도 인제군 기린면 진동리 122-1)

진동호수 고운 님 기다림에
초롱불 밝혀 호수를 비추는구나

네잎쓴풀
(설악산 대청봉)

보랏빛 물감들을 덧칠하며
하늘이 맺어준 인연 따라
피어오르네

등칡
(강원도 만항재)

만항재 숲속에는
색소폰 알람이
꽃들을 깨운다

금난초

유년의 고운 눈빛
솔숲 아래 빙그레
노란 웃음 틔우네

꽃갈퀴덩굴
(제주도)

눈물은 마른날이 없듯이
매일 매일 살아간다
높이 뜬 햇살은 바람 따라 도망간다

나도여로

(강원도 석병산 정상에서 반대편 아래로 300m 내려가면 왼쪽 바위에 있다. 8월 초가 적기인 것 같다. 여러 가지 꽃들을 볼 수 있다. 돌마타리, 구름체꽃, 털이슬 등을 볼 수 있는 곳.)

당신이 나를 보았다면
그것은 인연입니다

비너스 도라지

루브르 박물관에는
꽃이 없다

실별꽃
(경기도 연천)

둥근 지구 속에
꽃들은 곱게 피는구나

아라홍연
(경남 함안)

인생은 눈물로도 살 수 없다
울고 웃어봐도
붉게 멍든 시린 가슴
진흙 속에서 부활한다

왕별꽃
(경기도 일산)

가냘픈 꽃잎
심장을 청소하는 먼지털이

왕과 암꽃
(홍천, 왕과 숫꽃. 경북 군위군 부계면 대율리 824와 858두 곳에 있다.)

별빛 같은 웃음 흘리며
유혹에 빠져드니
자손만 늘어나네

주걱댕강나무
(경남 양산 내원사. 꽃말: 평안함)

물소리 바람 소리
꽃 속에 감추면서
편안한 쉼을 하는구나

절굿대

사라진 숲 뿌리를 깊게 내리며
70년을 걸어왔던 검푸른 숲
소리 없이 낙화할 때
내 청춘도 흘러가더라

잠자리난초

날 수도 없는 마음
하늘 향해 서 있구나

설악 바람꽃

새벽 눈동자 동트는 푸른 바람
소리 치며 1,708미터를 올라 본다

둥근잎 꿩의비름

산속 물 한 모금 마시며
붉은 꿩들이 살고 있구나

다북바위솔

(경남 통영. 경남 사천 신향마을 회관 부근에 주차 후 바다쪽으로 작은 산이 보인다. 맨 끝자락에 바위를 타고 올라가면 있다.)

바다는 말 없어도
그 자리 지키며
그리움 가득 싣고
고운 님 만나러 가네

봉화현호색
(안동시 봉화면 가송리 436-1)

옹기종기 모여서
이야기 나누면
외로울 틈이 없습니다

2부
사랑 꽃이 피었네

분홍사위질빵

(경기도 화성시 남양읍 문호리산 11. 주차 후 조금 아래쪽 바위에 피어 있다.)

끈질긴 사랑 끝에
붉게 웃는 저 사위
곱게도 늙어 가는구나

참바위취
(설악산 대청봉)

꿈을 먹는 대청봉
사랑 꽃이 피었네

초종용
(부산 이기대)

쑥 향기 해조음을 노래하면
붉은빛 바다를 안아본다

콩팥노루발
(강원도)

네가 없으면 눈물에 젖고
네가 있으면 웃음이 피는
노루가 저 숲속에서
꽃으로 탄생했을까

노랑땅나리
(비금도. 신안군 비금면 고서리 638-7. 전남 신안군 암태면 중부로 502-79 이곳에서 배를 탄다.)

긴 여정 외로움에
바다를 삼키며 서 있구나

쪽동백
(여러 곳 산속에서 자생한다.)

고운 빛 떨어지는 하이얀 눈물 꽃

솔나리

봄바람 불어오니
산 아가씨 바람 났네

물아카시아

바람을 잠재우면서
남몰래 웃음꽃을 피웠구나

두메애기풀
(강원도 영월)

산골짝 작은 그늘에
한 모금 물줄기
배를 타고 흘러가니
돛도 없는 이별들이
꽃으로 승하했구나

김의난초
(속초 맹방해수욕장)

방울진 그리움
소나무 숲 속에 있다

너도 수정초
(강원도)

기다림에 지쳐버린 청춘들이
솟고 또 솟아 장미가 되고 싶어
닮은꼴로 높이 높이

나도잠자리난

(대전 유성구 성북로 463. 산림욕장에 주차 후 오른쪽으로 가다, 간이 화장실 지나서 조금 가다 보면 왼쪽에 산수국이 많이 피어 있는 작은 개울 왼쪽으로 들어간다.)

날지는 못해도
날개를 가진 꽃이랍니다

해란초아재비
(경북 영천시 금호읍 오계리900-1)

뽀송뽀송 솜털 옷 걸치고서
끝없는 사랑 꿈꾸고 있네

백리향
(강원도 정선군 백두대간 생태 수목 체험단지 주차 후 석병산 정상으로 올라간다.)

그대는 보이나요
향기 품은 내 청춘들이

부산꼬리풀
(기장)

해풍을 맞으면서
달려온 청춘들이
눈물을 잠재운다

분홍 바늘꽃
(한국 강원도 만항재 가는 길목. 스위스 융프라워 가기 전)

당신이 멀리 떠나도
하늘을 보면
당신도 보고 있지요

산솜방망이
(강원도 만항재)

흐트러진 마음
조각조각 퍼즐 맞추며
가슴이 타고 있구나

세잎종덩굴

새벽마다 두부장수
뎅그렁 종을 친다

매화오리나무

(일본. 분포지역 일본, 중국, 한국(한라산). 높이는 2-6m 정도라고 했다. 그러나 내가 본 이곳은 아주 큰 고목이었다. 물가에서 많이 자란다. 별모양 털이 밀생하며 많은 꽃이 달린다. 인터넷 인용)

저의 향기는
당신이 아무리 멀리 있어도
찾아서 간답니다

물수세미

호수에 멱 감으며
즐거움 흠뻑 젖어 있는
잠자리 한 마리

개잠자리
(영월 습지)

세상은 요지경 속
날지도 못하며
평생을 눈물 속에 젖어 있구나

검종덩굴

붉은 담장 성당에서
평화의 종 울리네

괭이눈
(전남 영광군 대마면 송죽리 144)

금빛 찬란한 눈망울로
햇살 문 열며
빙그레 웃음 짓누나

주상절리

바다는 파도와 싸우면서
작품 하나를 남겼구나

슈타우바흐 폭포
(스위스 - 높이 300m)

산인가 바다인가
저 많은 눈물들을
솟아내며 마음을 달래본다

어리연

내 생에 저렇게 아름다운 날
또 올 수 있을까요

숫잔대
(강원도 홍천)

비바람 세월이
생명을 잉태했구나

개통발
(일본)

고향이 어디냐고 묻지만
지금 있는 곳이
고향이랍니다

3부
꽃은 눈부시게 빛나네

송이밧꽃

(충남 유계읍 쭈구리 50-4. 주차 후 산으로 약 15분 정도 올라가면 무덤이 보인다. 오른쪽으로 오른다.)

부케를 한 아름 안고
행복의 나래를 펼치고 있네

범의꼬리
(스위스)

여우비 언덕 위에
꼬리 살랑 유혹하네

수레동자꽃

가슴 벅차구나
폭탄을 안고 사는
꽃들이 눈부시게 빛나리라

불암초

(경기도 연천읍 통현리 습지. 잎은 어긋나기 하고 달걀 모양이며 3개로 얕게 갈라지고, 주맥과 뒷면 맥 위에 털이 있으며 가장자리에 톱니가 있고, 탁엽은 작으며 침형이다. 꽃은 7~9월에 핀다. - 인터넷 인용)

불암산이 고향이라
불암댁이 되었답니다

흰용담
(경남 산청 웅석산)

산 넘어 한 소녀는 슬플 때
몸속 독소를 제거하며
'슬플 때 그대를 사랑합니다' (꽃말)

흰백미꽃
(홍천 방내리)

먹지 못하는 하얀 쌀밥
산속에 남아있구나

회목나무
(노고단)

할머니 모시저고리
풀 먹여 다듬으시던 그 옛날
엄마의 저고리에 곱게 단 단추를 보면서
엄마 닮고 싶어 내 가슴에
엄마를 달아봅니다

가지더부살이

항암을 이겨내며
더불어 살아가는 웃음

칠보치마
(부산 송도 해녀마을 주차 후, 해변가로 들어가면 왼쪽에 작은 산으로 올라간다. 남해 자연 휴양림에도 있다.)

아직 그대가 오지 않아
펼쳐보지 못한 치마자락

솔붓꽃

보랏빛 순정들이
꽃으로 피워올리는구나

개아마
(여러 곳에 분포한다.)

별빛 같은 고운 모습
세상을 용서하듯
풀 속에서 사랑을 꽃피우고 있네
별빛 같은 고운 모습
세상을 용서 사듯
풀숲에서 사랑으로 꽃피우리라

개정향풀
(영종도)

암병동에 삭발승들 이리도 많을까
누구의 잘못함도 없는데
소리 없는 울림들이
층층이 쌓여 하늘을 날고 있구나

자주조희풀
(산지 숲속에서 자란다. 꽃은 8~9월에 흰색, 보라색, 청색으로 피지만, 아직 보라색 외는 다른 색을 보지 못했다.)

팔월의 언덕 위에서
메스가 움직이던 날
통곡의 위스키 한 잔
가슴을 뛰게 했다

종덩굴

아이들 웃음소리 사라져도
바람은 종을 치며 놀고 있네

쟈카란타
(하와이. 6월의 꽃이라고 불리며, 보라색 꽃들이 거리에 많다. 꽃말: 화사한 행복)

보랏빛 순정들이
화사하게 날고 싶은 하늘이여

조름나물
(강원도 태백 상사미동 72-3)

보아달라고
조른 적 없지만
늘 그대는 그립네

모싯대
(스위스)

꽃잎이 나폴나폴
보랏빛 춤을 추는 기암절벽

줄 현호색
(경남 울주군 서생면 화정리 916. 북방계 식물)

아무도 눈 여기 보지 않아도
꽃은 피고 지네

광릉요강꽃
(강원도)

가야 시대 할머니 요강이
꽃으로 우리 곁에 다가왔을까

왜솜다리
(스위스)

벅차게 부푼 가슴팍은
별 모양 그림을 찍어가며
활짝 날개를 펼치면서
하늘을 품에 안고 있네

함박꽃나무
(지리산 외 여러곳)

활짝 웃는 숲속의 요정

미국좀 부처꽃

열반에 들지도 못하고
세상만사 귀동냥하고 있네

갯청닭의 난초
(포항 송도동 운하로251번길. 도심 속 작은 숲속 소나무 아래 있다.)

소리 없는 아우성만
바다로 도망가네

가는털백미
(강화도)

부활을 꿈꾸면서 날으리다
끝이 없는 저 하늘 끝으로

구실바위취
(강원도 선자령. 임도 중간쯤 가다 왼쪽 숲으로 들어가
면, 작은 냇물이 흐르는 곳에 있다.)

꽃은 바위에도 피지만
나는 그대 마음에 피네

오랑대해국
(기장)

먼바다 기도하며
내 삶이 숨을 쉰다

누른종덩굴
(지리산)

바쁘게 달려왔던
주름진 내 모습들이
곱게도 늙어가는구나

약난초
(거제도 자연 휴양림)

멋진 모습으로 세상의 먼지
바람결에 날려 보내며
자랑스럽게 태어났구나

4부
꽃이 노래하네

애기송이풀
(거제도, 강원도)

비탈진 계곡 맑은 공기 흠뻑 안으며
기쁨을 노래하는 애기송이풀

민잠자리난초
(부산 기장 백두사 뒷편에 있다. 가기 전 경비 초소를 조금 지나면 오른쪽에 있다.)

날개가 있어도
날지 못 하는 선녀라네

왕관갈퀴꽃

한강이 흘러간다
목적지도 없는 곳으로
흐르고 흘러가도
주인 잃은 하루는
꽃이 되어 피어나리

무궁화

바람에 말려가며
울부짖던 그날들이
한 많은 젊은 슬픔
소리 없이 날려 보내며
쉬지 않고 피고 지고
내일을 꿈꾸며 피어나리라

방울꽃

힘겨운 내 발자욱
방문을 활짝 열며
햇빛을 담고 있네

구름체꽃

나비들 어디로 날아갔나
한 많은 이내 마음
하늘로 들어가네

산수유

가족들 건강을 챙기시는 할머니
한나절 약탕 속을 이유 없이 바라본다

으름난초
(전라남도 마이산 남부주차장 주차 후, 올라가다 오른쪽 화장실이 보이면 왼쪽 가는 길로 5~7백 미터쯤 있다.)

메뚜기 피나무에 걸려있다
햇볕에 잘 구워져 입맛 돋는다

은난초 변이종
(경남 양산 내원사. 내원사 가는 길옆 작은 카페가 있다. 그곳 100미터 못 가서 왼쪽에 있다.)

숲속에 숨어 살아도
변신은 무죄

아기쌍잎란
(제주도)

보일 듯 말 듯 눈 맞춤
숲속 귀하신 쌍잎란

창원 제비꽃

보랏빛 순정들
창원 공단을 찾아왔구나

검은종덩굴

불타버린 가슴 움켜쥐고
떠나간 동무들을 기억하리다

한라 바위취

하아얀 눈꽃들이
깊은 골짝 돌멩이 속으로

큰고깔제비

누구를 기다릴까요
기쁜 마음 흘리면서
오손도손 손잡고 가보자

지리밧꽃
(홍천 미아골 한강 발원지)

풀벌레 줄줄이도 엮어서
마음의 종 울리는구나

난쟁이바위솔
(가야산)

바람이 산을 부르니
우듬지에 돌탑을 쌓아가며
즐거운 꽃 피우며 놀고 있네

벌깨풀
(석병산)

뼈마디 욱신거리며
비탈진 산문에 들어서서
허공에 손 뻗치면
잡힐 듯 말듯 마음들 흘러내린다

분홍 은방울꽃

초롱초롱 유년의
내 눈망울이여

입술망초
(무등산 증심사)

산 둘레 걸으며
그대를 만나보니
아름다운 키스를

융프라우
(스위스 해발 4,158m. 이곳에는 철도로 올라간다.)

세계에서 가장 높은 철도역
차디찬 마음들을 저곳에 묻어두리라

영암풀
(전라남도)

엽서 한 장 통보 없이
육지로 상륙했구나

족두리풀 녹화
(경기도 연천)

가마 타고 고운 족두리 장식하며
옛날에 그 산 넘어 시집을 가네

은꿩의 다리

(강원도 선자령 못 가서 00부대 팻말 주차 후. 약간 오던 방향으로 약 100미터 정도 내려간다. 오른쪽에 있다.)

하얗게 눈물방울
파르르 떨구면서
찬 이슬 털고 있네

진땅고추풀
(연천군 연천읍 통현리 541-1)

고추 맛보다
꽃이 먼저죠

솔송

솔아 솔아
넌 어찌
내 마음 훔쳐가냐

창연시선 031

꽃향기를 찾아서
2025년 3월 31일 초판 1쇄 발행

지 은 이 | 이정숙
편　　집 | 이소정
펴 낸 이 | 임창연
펴 낸 곳 | 창연출판사
주　　소 | 경남 창원시 의창구 읍성로 36
출판등록 | 2013년 11월 26일 제2013-000029호
전　　화 | (055) 296-2030
팩　　스 | (055) 246-2030
E-mail | 7calltaxi@hanmail.net

값 15,000원
ISBN 979-11-91751-75-8　　03810

ⓒ 이정숙, 2025

* 이 책의 판권은 저자와 창연출판사에 있습니다.
* 양측의 서면 동의 없이 무단 전재나 복제를 금합니다.
* 이 책은 한국예술인복지재단의 예술활동준비금 지원으로 발간되었습니다.